Daolu Huoyun Cheliang
Waikuo Chicun Zhouhe ji Zhiliang Xianzhi Heguixing Zhinan

道路货运车辆外廓尺寸、轴荷及质量限值合规性指南

交通运输部公路科学研究院
中国物流与采购联合会 编

人民交通出版社股份有限公司
China Communications Press Co.,Ltd.

内 容 提 要

本书根据《汽车、挂车及汽车列车外廓尺寸、轴荷及质量限值》（GB 1589—2016）的要求，给出了载货汽车、挂车、汽车列车、货车列车、几种特殊形式货车的外廓尺寸、轴荷、质量限值图例等。

本书适用于全国道路货运车辆驾驶员及相关管理人员。

书　　名：道路货运车辆外廓尺寸、轴荷及质量限值合规性指南
著　作　者：交通运输部公路科学研究院
　　　　　　中国物流与采购联合会
责任编辑：董　倩
责任校对：张　贺
责任印制：张　凯
出版发行：人民交通出版社股份有限公司
地　　址：（100011）北京市朝阳区安定门外外馆斜街3号
网　　址：http://www.ccpress.com.cn
销售电话：（010）59757973
总　经　销：人民交通出版社股份有限公司发行部
经　　销：各地新华书店
印　　刷：北京市密东印刷有限公司
开　　本：787×1092　1/32
印　　张：0.75
字　　数：14千
版　　次：2018年8月　第1版
印　　次：2018年8月　第1次印刷
书　　号：ISBN 978-7-114-14752-4
定　　价：10.00元

（有印刷、装订质量问题的图书由本公司负责调换）

编写组名单

董金松　周志成　张红卫　陈　征
宗成强　邵　震　张学礼　薛文祥

前 言

《汽车、挂车及汽车列车外廓尺寸、轴荷及质量限值》（GB 1589—2016）是国家强制性标准，是道路货运经营者在使用车辆时必须遵守的标准。《道路货运车辆外廓尺寸、轴荷及质量限值合规性指南》将 GB 1589—2016 中涉及常用道路货运车辆的标准以通俗易懂的形式展示出来，希望广大的道路货运经营者和货运驾驶员在购置和使用车辆时以此为参考，合规使用车辆，在保障自身和其他道路交通参与者的生命财产安全的同时，维护公平竞争的市场秩序。

目　　录

一、载货汽车的外廓尺寸、质量限值图例 ································· 1

二、挂车的外廓尺寸限值图例 ·· 4

三、汽车列车的外廓尺寸、质量限值图例 ································· 6

四、货车列车的外廓尺寸图例 ·· 9

五、几种特殊形式货车的尺寸图例 ····································· 10

六、不在测量范围的装置 ··· 11

　　(一)不在车辆长度测量范围的装置 ································· 11

　　(二)不在车辆宽度测量范围的装置 ································· 14

七、汽车及挂车单轴、二轴组及三轴组的最大允许轴荷限值 ················· 16

一、载货汽车的外廓尺寸、质量限值图例

轴数	车辆类型		图例	轴荷	总质量（吨）	长（米）	宽（米）	高（米）
2	栏板式、仓栅式、平板式、自卸式货车	最大设计总质量≤3.5吨			3.5	6	2.55	4
		最大设计总质量>3.5吨，且≤8吨		7吨　11.5吨	8	7		
		最大设计总质量>8吨，且≤12吨			12	8		
		最大设计总质量>12吨			18	9		
	其他载货汽车			7吨　11.5吨	18	12		

续上表

轴数	车辆类型		图例	轴荷	总质量（吨）	长（米）	宽（米）	高（米）
3	栏板式、仓栅式、平板式、自卸式货车	最大设计总质量≤20吨		7吨 7吨 11.5吨	20	11	2.55	4
		最大设计总质量>20吨			25	12		
	6×2 其他载货汽车			7吨 7吨 11.5吨	25	12		
				7吨 18吨				
	6×4 其他载货汽车			7吨 18吨				

续上表

轴数	车辆类型	图例	轴荷	总质量（吨）	长（米）	宽（米）	高（米）
4	8×2 载货汽车		7吨 7吨 18吨	31	12	2.55	4
	8×4 载货汽车		7吨 7吨 18吨				

注：1. 三轴货车及半挂牵引车、双转向轴四轴货车，当驱动轴为每轴每侧双轮胎且装备空气悬架时，最大允许总质量限值增加1吨。

2. 为驱动轴，后表同

二、挂车的外廓尺寸限值图例

轴数	车辆类型	图例	长（米）	宽（米）	高（米）
1	半挂车		13.75	2.55	4
1	中置轴挂车		12	2.55	4
1	栏板式、仓栅式、平板式、自卸式半挂车		8.6	2.55	4
2	半挂车		13.75	2.55	4

续上表

轴数	车辆类型	图例	长（米）	宽（米）	高（米）
2	牵引杆挂车		12	2.55	4
2	中置轴挂车				
2	栏板式、仓栅式、平板式、自卸式半挂车		10		
3	半挂车		13.75		
3	栏板式、仓栅式、平板式、自卸式半挂车		13		

三、汽车列车的外廓尺寸、质量限值图例

轴数	车 辆 类 型	图　　例	轴　　荷	总质量（吨）	长（米）	宽（米）	高（米）
3	4×2牵引车+1轴挂		7吨 11.5吨　10吨	27	17.1	2.55	4
4	4×2牵引车+2轴挂		7吨 11.5吨　18吨	36			
5	4×2牵引车+3轴挂		7吨 11.5吨　24吨	42			

续上表

轴数	车辆类型	图例	轴荷	总质量（吨）	长（米）	宽（米）	高（米）
5	6×2牵引车+2轴挂		7吨 7吨 11.5吨　18吨	43	17.1	2.55	4
	6×2牵引车+2轴挂		7吨　18吨　18吨				
	6×4牵引车+2轴挂		7吨　18吨　18吨				
6	6×2牵引车+3轴挂		7吨 7吨 11.5吨　24吨	46			

续上表

轴数	车辆类型	图例	轴荷	总质量（吨）	长（米）	宽（米）	高（米）
6	6×2牵引车+3轴挂		7吨　18吨　24吨	46	17.1	2.55	4
	6×4牵引车+3轴挂		7吨　18吨　24吨	49			

注：1. 四轴汽车列车，当驱动轴为每轴每侧双轮胎并装备空气悬架，且半挂车两轴之间的距离≥1.8米时，最大允许总质量限值为37吨。
2. 汽车或汽车列车驱动轴的轴荷不应小于汽车或汽车列车最大总质量的25%

四、货车列车的外廓尺寸图例

车辆类型		图例	长（米）	宽（米）	高（米）
货车列车	牵引杆挂车列车		20	2.55	4
	中置轴挂车列车				
	中置轴车辆运输列车		22		

五、几种特殊形式货车的尺寸图例

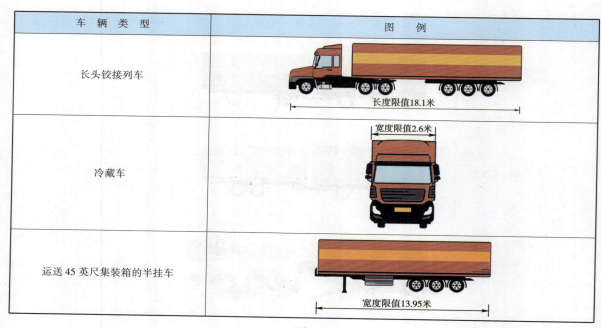

车辆类型	图例
长头铰接列车	长度限值18.1米
冷藏车	宽度限值2.6米
运送45英尺集装箱的半挂车	宽度限值13.95米

六、不在测量范围的装置

(一)不在车辆长度测量范围的装置

1. 不具备载货功能,且超出车辆前/后端不大于50毫米,装置的边和角的圆角半径不小于5毫米的以下装置不在车辆长度测量范围。

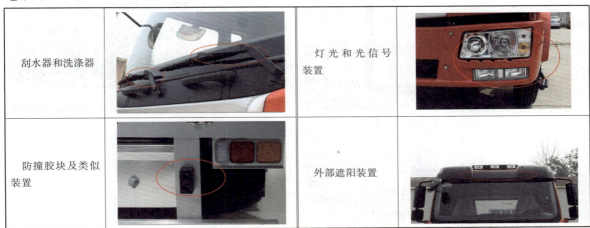

刮水器和洗涤器		灯光和光信号装置	
防撞胶块及类似装置		外部遮阳装置	

续上表

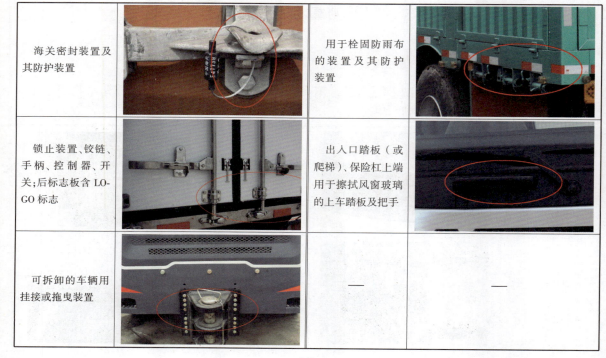

海关密封装置及其防护装置		用于栓固防雨布的装置及其防护装置	
锁止装置、铰链、手柄、控制器、开关;后标志板含LO-GO标志		出入口踏板(或爬梯)、保险杠上端用于擦拭风窗玻璃的上车踏板及把手	
可拆卸的车辆用挂接或拖曳装置		—	—

2. 不具备载货功能的以下装置不在车辆长度测量范围。

在半挂车前回转半径内的冷藏半挂车的冷机、半挂车的工具箱框、爬梯、前端气/电连接器及其防护罩		间接视野装置	
车辆后部导流装置(展开长度不超过2000毫米,收起状态不超过200毫米,可拆卸或折叠)		尾板、上下坡道及类似装置(收起状态的水平长度不超过300毫米)	
后尾梯		—	—

(二)不在车辆宽度测量范围的装置

1. 不具备载货功能,且单侧超出车辆侧面不大于 50 毫米,装置的边和角的圆角半径不小于 5 毫米的以下装置不在车辆宽度测量范围。

灯光和光信号装置		海关密封装置及其防护装置	
防撞胶块及类似装置		用于栓固防雨布的装置及其防护装置	
局部的流水槽:指用于引导驾驶员门(或窗)上方雨水流、乘客门上方和位于前风窗玻璃两侧引导雨水流向的流水槽		防飞溅系统的柔性突出部分	

续上表

锁止装置、铰链、手柄、控制器、开关		轮胎压力指示器、轮胎失效信号装置	
位于轮胎接地点正上方的轮胎壁的变形部分		—	—

2. 以下装置不在车辆宽度测量范围。

间接视野装置		—	—

七、汽车及挂车单轴、二轴组及三轴组的最大允许轴荷限值

类型				最大允许轴荷限值(吨)	备 注
单轴	每侧单轮胎		—	7	轮胎名义断面宽度≥0.425米,最大允许轴荷限值为10吨; 驱动轴轮胎名义断面宽度≥0.425米,最大允许轴荷限值为11.5吨
	每侧双轮胎		—	10	装备空气悬架时,最大允许轴荷的最大限值为11.5吨
			—	11.5	—
二轴组			轴距<1米	11.5	二轴挂车最大允许轴荷限值为11吨
			1米≤轴距<1.3米	16	
			1.3米≤轴距<1.8米	18	驱动轴为每侧双轮胎且装备空气悬架时,最大允许轴荷的最大限值为19吨
			轴距≥1.8米(仅挂车)	18	—

续上表

类 型		最大允许轴荷限值(吨)	备 注
三轴组		轴距≤1.3米	21	—
		1.3米＜轴距≤1.4米	24	—

图书在版编目(CIP)数据

道路货运车辆外廓尺寸、轴荷及质量限值合规性指南/交通运输部公路科学研究院,中国物流与采购联合会编.—北京:人民交通出版社股份有限公司,2018.8

ISBN 978-7-114-14752-4

Ⅰ.①道… Ⅱ.①交…②中… Ⅲ.①货车—国家标准—中国 Ⅳ.① U272-65

中国版本图书馆 CIP 数据核字(2018)第 114496 号